Droit de
l'environnement

PROCEDURES GARANTISSANT
LE DROIT A
L'ENVIRONNEMENT

TABLE DES MATIERES

INTRODUCTION

Le droit à l'environnement est l'un des derniers nés dans la famille des droits et libertés de l'homme. Il vise à garantir le droit de chaque individu à un environnement sain, agréable, préservé et protégé. Ce droit est devenu d'autant plus d'actualité vu que presque tous les Etats du monde estiment que le respect de l'environnement est une question primordiale et constitue un gage pour l'humanité toute entière. Ils en ont fait une inquiétude commune et ont notamment, par le COP 21 proposé des défis ambitieux à atteindre, notamment le maintien du réchauffement climatique en dessous de 2°. Le droit à l'environnement est un droit entier dans la mesure où on ne peut pas y porter atteinte impunément.

Selon Alain Gras : « Aujourd'hui la seule condition de survie réside dans l'établissement d'un rapport plus humble avec la planète ». Ce qui explique que pour faire face à la destruction de l'environnement due aux différentes activités humaines, il est nécessaire d'établir des mesures de protection légales afin de la préserver pour la génération à venir. Ainsi, selon une citation : « Nous n'héritons pas la terre de nos ancêtres, nous l'empruntons à nos enfants »

Des textes furent alors adoptés pour garantir et préserver l'environnement où nous vivons : loi 2015-005 portant refonte du code de gestion des aires protégées, la CITES. Ses régions côtières en basse altitude sont vulnérables à la montée des eaux, et l'intensité des phénomènes météorologiques extrêmes tels que les cyclones, et susceptibles d'augmenter. Dans l'immédiat, le sud connaît actuellement une sècheresse grave mettant en danger des vies et qui est attribuée à l'effet « el niño » et exacerbée par le réchauffement climatique : « les agences des nations unies ont annoncé que près de 850.000 personnes dans le sud sont dans une situation alimentaire aigue »

Par ailleurs, l'implication des grandes entreprises permet aussi une meilleure protection de l'environnement. Par exemple, l'orchidée figure parmi les espèces protégées. Sur les 1000 espèces, 252 ont été trouvées à

Ambatovy. En 2006, lors de l'inventaire effectué par les partenaires scientifiques durant l'étude d'impact environnemental, une centaine d'espèces endémiques, rares et menacées d'extinction a été recensée. Un programme de sauvetage de toutes les orchidées a été développé à partir de 2008 à travers une transplantation directe vers deux parcs à orchidées installes dans la zone de conservation à Vodibasy qui compte 20039 individus et 45850 à Ankenjana.

De ce fait, il devient urgent d'assurer la sauvegarde de l'environnement et des droits qui s'y attachent, **quelles sont alors les procédures garantissant le respect du droit à l'environnement ?** Afin de répondre à cette question, le plan suivant nous servira de guide : il convient tout d'abord d'analyser les moyens dont chaque individu dispose pour la préservation de son droit à l'environnement (**I**), pour ensuite étudier la procédure en amont en cas d'atteinte effective et actuelle au droit à l'environnement (**II**).

I. LES MOYENS MISENT A LA DISPOSITION DE CHAQUE INDIVIDU POUR LA PRESERVATION DE SON DROIT A L'ENVIRONNEMENT

Tout d'abord nous devons voir les personnes responsables de la garantie de la protection de l'environnement (**A**) pour mieux saisir les mécanismes institutionnels garantissant le droit à l'environnement ou les procédures de garanties administratives (**B**).

A- Les personnes responsables de la garantie de la protection de l'environnement :

En principe, « Les lois et règlements déterminant les niveaux de protection des espèces de la faune et de la flore sauvages sont des indicateurs importants de l'importance qu'accorde un pays à la conservation sa biodiversité ». C'est alors que nombreux sont les organes et personnes responsables de la protection de l'environnement.

En premier lieu, l'Etat est principalement le premier acteur de la protection de l'environnement car selon la constitution, conformément à son article 37 « L'Etat garantit la liberté d'entreprise dans la limite du respect de l'intérêt général, de l'ordre public, des bonnes mœurs et de l'environnement ». Les institutions de l'Etat et les collectivités territoriales décentralisées sont responsables, en ce qui les concerne, tant de la protection de l'environnement que du développement socio-économique.

L'Etat joue un rôle très important même à juste sensibiliser la population pour la protection de l'environnement. Ce qui n'est pas encore la préoccupation primordiale des dirigeants étatiques actuellement, alors qu'on dispose de tous les moyens surtout juridique pour mettre en œuvre cette protection, il y a la convention de la CITES, la loi portant Charte de l'environnement qui affirme même que « l'environnement constitue une préoccupation prioritaire de l'Etat », le code minier, la loi sur le trafic de bois de rose et bien d'autres encore.

Il y a ensuite les associations et les sociétés civiles qui défendent la protection de l'environnement. Ils ont en effet pour rôle d'interpeller les responsables étatiques sur l'état de l'environnement à Madagascar. Il en est du cas par exemple d'une missive adressée au pouvoir exécutif, dans laquelle, une soixantaine de société civile et d'organisation nongouvernementales avancent en objet : « Lettre ouverte des groupes de la société civile exhortant le gouvernement de Madagascar à appuyer l'accusation contre les contrebandiers de bois de rose malgaches à Singapour ». Le corps de la lettre ajoute : « Nous demandons instamment au gouvernement malgache de réitérer le caractère illégal de l'exportation de ces bois auprès du tribunal de Singapour […] ». Il apparaît ici le rôle d'interférence de ceux-ci entre l'Etat et le peuple malgache.

L'Etat malgache s'est positionné en soutenant « l'illégalité » de l'exportation de bois de rose et en affirmant son intention de témoigner devant la Justice de Singapour afin de défendre les intérêts de Madagascar.

B- Les mécanismes institutionnels garantissant le droit à l'environnement ou les procédures de garanties administratives :

Dans cette seconde sous partie, il est important de savoir déterminer comment le respect du droit à l'environnement peut il être revendiquer et par qui ?

En effet, la reconnaissance par les Etats d'un droit à un sujet de droit e traduit par la création de devoir à d'autre sujet de droit. En règle général, les bénéficiaires de ces droits garanties sont les individus et il incombe à l'Etat de leur en assurer la jouissance, ce devoir peut varier d'un droit à un autre, allant de la simple abstention jusqu'à la création d'institution et de procédure permettant la mise en œuvre des droits garantis.

On peut constater que les Etats ne sont pas les seuls à avoir des obligations, il y a les associations, les syndicats, mais également les individus. Cela se manifeste par le principe d'information et de participation.

Le droit à l'environnement se caractérise par la possibilité pour la population d'être informé et associés à propos des décisions à propos des décisions qui ont un impact sur son cadre de vie.

L'information et la participation ne peut être efficace que si des procédures concrètes en garantissent la mise en œuvre.

Qu'en est-il par rapport au principe d'information ?

Pour que chacun puisse veiller à la sauvegarde de l'environnement, il est indispensable qu'il dispose d'information concernant à la fois l'état de l'environnement et les projets qui risquent d'y porter atteinte. Le principe 18 de la déclaration de RIO oblige les Etats conscients d'un danger à avertir les Etats susceptibles d'être touchés par les catastrophes. Ainsi le public doit avoir accès à l'information la plus large possible en matière d'environnement pour garantir son droit de vivre dans un environnement sain.

L'information peut se faire par différent moyens tel que la possibilité pour le public de consulter des documents administratifs concernant l'état de l'environnement.

Et parce que chacun est concerné par l'environnement, il faut assurer la participation du public au programme qui l'intéresse. Par exemple dans les zones rurales, les émissions radiographiques ainsi que les affichages sont les meilleurs moyens d'attirer le public et des les faires participés à la protection de l'environnement.

Qu'en est-il du Príncipe de participation ?

Elle vise à ce que le public participe aux prises de décisions.

A Madagascar c'est le décret MECIE qui consacre ce principe et analyse de manière préalable les impacts potentiels prévisibles d'une activité donnée sur l'environnement.

La participation du public se fait par :

- Consultation sur place des documents qui consiste en un recueil des avis de la population concernée par l'autorité locale du lieu d'implantation
- Ou par enquête public faite par des enquêteurs environnementaux qui recueil les avis de la population
- Ou par audience public qui constitue en une consultation simultanée des parties intéressées, chaque partie pouvant être assistée d'un expert

Les projets proposés par le public doivent faire l'objet d'une évaluation environnementale en vue d'obtenir un permis environnemental. En cas de refus de délivrance d'un permis environnemental par l'office national de l'environnement, le promoteur peut solliciter le ministre chargé de l'environnement pour un deuxième examen du dossier.

Mais des problèmes peuvent parfois survenir lors de l'application de ces deux principes, comme le refus d'accès au document administratif lorsque l'administration exerce ses prérogatives de puissances publiques qui est le principe du secret administratif. Alors que le droit à l'environnement consacre le droit d'accès à ces documents, ils se heurtent ainsi à des exceptions qui peuvent être le respect de la vie privée, le respect des secrets industriels ou commerciaux, le respect de la politique nationale…

Alors que les moyens d'accès au document doivent être prévue de manière à rendre possible et praticable une prise de connaissance par les citoyens. Le problème réside dans le fait que la consultation du public et leur avis ne sont pas prise en comptes par l'Etat. Cela est un frein au développement. Ainsi la participation du public dépend de leur information, améliorer les moyens d'informations peut garantir le bon déroulement et le respect de ces mécanismes.

II.   LES PROCEDURES EN CAS D'ATTEINTE AU DROIT A L'ENVIRONNEMENT

Le droit à l'environnement étant un droit comme les autres, toutes personnes se sentant lésées dans son droit a droit d'intenter une action devant la justice. Mais comme le droit à l'environnement est un droit de l'homme, en cas d'épuisement des recours internes, l'individu peut intenter des recours internationaux (**A'**). Mais nous devons admettre que l'Etat malgache à élaborer des mesures favorisant le respect du droit à l'environnement, ces mesures seront étudier dans le cadre de la rubrique consacrée à l'analyse des perspectives nécessaires de l'Etat malgache pour la préservation de l'environnement malgache (**B'**).

A'- La procédure concrète en cas d'atteinte au droit à l'environnement :

Quelles sont tout d'abord les conditions nécessaires pour pouvoir intenter une action visant à faire cesser ou pour se voir réparer un préjudice direct de l'atteint au droit à l'environnement ?

En termes de droit commun, pour exercer une action en justice, plusieurs conditions doivent être réunies : le demandeur doit avoir un intérêt à agir et disposer de la qualité pour agir. Dans le cadre du contentieux environnemental, le particulier se sentant lésé dans son droit à un environnement sain peut prouver l'étendue de son préjudice par tous moyens ; pourvu qu'il arrive à démontrer le lien direct de causalité entre son préjudice et le fait dommageable. Le problème se pose dès qu'on est en présence d'un recours associatif. En effet, l'intérêt à agir des associations sera apprécié en fonction de son objet statutaire qui devra concerner l'environnement. Dans le cas contraire, l'action sera déclarée irrecevable.

L'intérêt invoqué par le justiciable en matière environnementale peut être soit actuel, soit éventuel. Ce qui répond au principe de prévention. Auxquels cas la demande sera toujours recevable, ce qui déroge au principe du droit commun qui veut que la perspective d'avoir plus ou moins à long terme un intérêt à agir est insuffisant pour intenter une action en justice.

En ce qui concerne les recours possibles, il existe d'abord les recours internes ; en principe ; le tribunal compétent sera le tribunal administratif du moment où le préjudice subi par le demandeur est né à l'issue d'une autorisation administrative d'exploration ou d'exploitation. Quant au recours international en matière environnementale, Selon le principe édicté par la déclaration de Stockholm (1972) et de la déclaration de Rio (1999) : Les Etats aient le devoir souverain d'exploiter leur propres ressources selon leur politique d'environnement et ils ont le devoir de faire en sorte que les activités exercées dans les limites de leur juridiction ou sous leur contrôle ne cause pas de dommage à l'environnement dans d'autres Etats.

En d'autres termes, à l'intérieur de son territoire chaque Etat est libre de faire des exploitations sans que leurs conséquences ne doivent pas porter atteinte aux Etats voisins. Comme par exemple le fait de déverser des déchets toxiques dans les fleuves d'un Etat voisin, pour illustration l'affaire Probo koala sur le déversement des déchets toxique dans la lagune d'Abidjan en Côte d'ivoire en 2006 ... si tel est cas, il y aura un différend entre ces deux Etats, ce qui fait appel à des différents procédés internationaux en matière de règlement des litiges environnementaux. Le principe est l'exclusivité de la compétence des juridictions internes. Cependant, dès que les recours internes sont épuisés, rien n'interdit aux parties victimes de recourir au règlement judiciaire international dont le principal organe est la CIJ.

Cette cour a déjà procédé au règlement de quelques différends, notamment le litige entre l'Equateur et la Colombie sur l'épandage aérien d'herbicide, ou celui de l'Australie contre le Japon sur la chasse à la baleine, sans oublier l'affaire Slovaquie contre Hongrie sur la construction d'une centrale hydraulique, la cour a conclu que les parties pour concilier le développement économique et la protection de l'environnement devraient examiner à nouveau les effets sur l'environnement de l'exploitation de la centrale. Ou encore, la saisine de la cour africaine des droits de l'homme et des peuples.

De même, il existe également la cour permanente de l'arbitrage, tel est le cas de l'affaire de la fonderie de Trail (11 mars 1941) opposant les Etats-Unis et le Canada sur des fumées de plomb émanant d'une usine située au Canada ayant causé des dommages à des agriculteurs américains et rendu des terres impropres à toute culture. Les Etats partis peuvent néanmoins procéder au règlement traditionnel de leur différend à savoir le règlement à l'amiable qui est courant en matière de conflit diplomatique, favorisant ainsi la négociation, la médiation et la conciliation.

B'. Perspectives nécessaire de l'Etat dans le domaine des procédures garantissant le droit à l'environnement :

Il appartient à l'Etat d'assurer la pleine effectivité des règles qu'il édicte, mais il lui incombe également de faire en sorte que chaque acteurs de l'environnement bénéficient des mêmes droits et obligations par rapport au droit de l'environnement et concrètement par rapport aux procédures environnementales.

Le droit à l'environnement est un droit reconnu à tous et de ce fait les procédures y afférents doivent également être reconnus et s'appliquer de manière égale à tous ceux qui y ont intérêts. La nécessité d'une reconnaissance universelle et égalitaire du recours aux différentes procédures environnementales s'assoie sur un esprit d'équité et de justice notamment par rapport aux dommages transfrontières. Le principe étant, en matière de dommage transfrontière, que seul l'Etat victime du dommage, à l'exclusion des particuliers résidents peuvent intenter un recours à l'encontre de l'Etat à l'origine du dommage. Or l'éventualité d'une carence des Etats concernés doivent pouvoir être contourné par le biais de l'accès des résidents des Etats victimes aux procédures qui s'imposent. Il est ici question d'une égalité d'accès aux procédures s'inscrivant dans la consécration même du principe d'égalité de traitement des étrangers avec les nationaux face à un droit fondamental.

En effet permettre à un résident d'un Etat justifiant d'un intérêt, et non seulement à l'Etat victime lui-même d'avoir accès aux mêmes recours ouverts aux résidents de l'Etat auteur du préjudice environnemental en raison des dommages occasionnés par ce dernier, assure un parfait équilibre dans le respect de l'égalité entre les étrangers et les nationaux au regard du droit de l'environnement. Le résident étranger pourrait ainsi intenter une action comme s'il était un propre résident de l'Etat voisin, auteur d'un dommage transfrontière, et ainsi il n'aurait plus à se reposer seulement sur le recours international que son propre Etat est amené à intenter pour les mêmes faits.

Cette possibilité d'égalité d'accès aux procédures environnementales qui n'est pas encore incluse dans notre législation présente bien un avantage qui ne peut être ignoré notamment en raison de l'élargissement du champ des individus ayant qualité pour agir en matière de dommage transfrontière que cela implique en plus de l'idée d'égalité qu'il véhicule.

On peut citer comme exemple d'égalité d'accès aux procédures la Convention nordique sur la protection de l'environnement, conclue en 1974 entre quatre (4) pays scandinaves qui énonce dans son article 2 que

: « Quiconque est ou peut être victime de dommage du fait de nuisances dans un autre Etat contractant, a le droit d'engager une procédure devant la juridiction ou l'organe administratif approprié dans ce pays, concernant la licéité de cette activité, et cela au même titre qu'une personne juridique de l'Etat »[1].

L'adhésion à ce principe d'égalité d'accès peut constituer un effort des Etats à prendre plus en considération les intérêts de ses résidents et ceux des pays voisins en ce qui concerne leur droit à l'environnement.

---

1 Michel PRIEUR « les principes généraux du droit de l'environnement »[1]

CONCLUSION

Pour conclure, nous pouvons affirmer que, tant sur le plan national que sur le plan international, il y a une multitude de textes qui prévoit et met en place des procédures pour une bonne protection de l'environnement. Mais tout cela est vain sans une grande volonté de la part de chaque Etat de respecter ces dispositions et d'en être conscient des effets néfastes de leurs agissements sur l'environnement. D'où l'utilité de la mise en place d'une juridiction spécialisée an matière environnementale au niveau national qu'au niveau international pour prononcer des sanctions effectives pour ceux qui violent les dispositions relatives à la protection de l'environnement.

www.ingramcontent com/pod-product-compliance
Lightning Source LLC
Chambersburg PA
CBHW071131220526
45467CB00004B/2143